GITARREN**LOOPING**
DER**KREATIV**-LEITFADEN

Meistere Gitarren-Looping mit hunderten kreativen, musikalischen Beispielen

KRISTOF**NEYENS**

FUNDAMENTAL**CHANGES**

Gitarren-Looping: Der Kreativ-Leitfaden

Meistere Gitarren-Looping mit hunderten kreativen, musikalischen Beispielen

Veröffentlicht von **www.fundamental-changes.com**

ISBN: 978-1-78933-128-8

Über 10.000 Fans auf Facebook: **FundamentalChangesInGuitar**

Instagram: **FundamentalChanges**

Für über 350 kostenlose Gitarrenstunden mit Videos gehe zu:

www.fundamental-changes.com

Copyright des Titelbildes: TC Electronics

Mit besonderem Dank an Matthias Koch für die wertvolle redaktionelle Mitarbeit.

Inhaltsverzeichnis

Einführung

Gitarren-Looping ist in den letzten Jahren aus gutem Grund sehr beliebt geworden. Ein Loop-Pedal kann der beste Freund eines Musikers sein. Man kann damit originelle Ideen speichern, es ist ein Übungspartner und eine einfache Möglichkeit, deine Solo-Gigs interessanter zu gestalten. Dieses Buch wird dir all diese Möglichkeiten beibringen, einen Loop zu benutzen und vieles mehr.

Wenn du noch kein Loop-Pedal gekauft hast, gibt es andere Möglichkeiten, die Ideen in diesem Buch zu deinen eigenen zu machen. Du kannst dich selbst in dem DAW (Digital Audio Workplace) deiner Wahl aufnehmen und einen Loop zum Abspielen erstellen - aber das ist ziemlich zeitaufwendig und nicht so einfach auf einem Gig umsetzbar!

Da es viele Marken und Modelle von Loop-Pedalen gibt, die jeweils ihre eigenen spezifischen Eigenschaften haben, gebe ich dir in Kapitel eins einen Überblick über die möglichen Optionen, damit du eine fundierte Wahl treffen kannst.

Obwohl einige Leute es unglaublich einfach aussehen lassen, kann das Looping zunächst eine Herausforderung sein. Dieses Buch beschreibt, wie du grundlegende Loops aufnehmen und mehrere Layer wie Percussion oder Bassriffs hinzufügen kannst. Es zeigt dir auch, wie du ein Loop-Pedal live verwenden kannst. Alles in allem findest du wertvolle Tools, um deine Gitarrenfertigkeiten zu entwickeln und deine Kreativität auf ein neues Niveau zu heben.

Die meisten Loops in diesem Buch wurden auf einem TC Electronic Ditto Looper aufgenommen, aber jeder normale Loop mit einem Knopf wird die Aufgabe erfüllen. Die meisten Audiobeispiele wurden auf einer E-Gitarre aufgenommen, aber alle Ideen funktionieren auch auf jeder elektroakustischen Gitarre.

Hier kannst du TC Electronic finden:

www.youtube.com/tcelectronic

www.facebook.com/tcelectronic

www.instagram.com/tcelectronic

www.twitter.com/tcelectronic

Ein Looper ist für jeden Musiker nützlich. Ob es sich nun um eine Möglichkeit handelt, deine originellen Ideen zu schreiben und aufzuzeichnen oder als Übungswerkzeug, die Ideen in diesem Buch werden dir helfen, dich weiterzuentwickeln. Es wird definitiv neue Herausforderungen, Erkenntnisse und Ideen bringen, wenn du versuchst, dein Spiel zu verbessern.

Hol dir das Audio

Die Audiodateien zu diesem Buch stehen unter www.fundamental-changes.com zum kostenlosen Download zur Verfügung. Der Link befindet sich oben rechts in der Ecke. Wähle einfach diesen Buchtitel aus dem Dropdown-Menü aus und folge den Anweisungen, um das Audio zu erhalten.

Wir empfehlen dir, die Dateien direkt auf deinen Computer herunterzuladen, nicht auf dein Tablet, und sie dort zu extrahieren, bevor du sie zu deiner Medienbibliothek hinzufügst. Du kannst sie dann auf dein Tablet, deinen iPod legen oder auf CD brennen. Auf der Download-Seite gibt es ein Hilfe-PDF und wir bieten auch technischen Support über das Kontaktformular.

Hol dir das Video

Ich habe mehrere Unterrichtsvideos zu diesem Buch gemacht. Manchmal stoße ich auf Grenzen der Musiknotation der Nuancierung und werde so der Musik nicht ganz gerecht, deswegen solltest du dir die kostenlosen Videos besorgen:

https://www.fundamental-changes.com/guitar-looper-pedal-videos

Kapitel Eins: Eine Einführung in das Loop-Pedal

In diesem Kapitel wirst du mit dem Loop-Pedal vertraut gemacht. Du wirst lernen, was die verschiedenen Funktionen sind und wie man sie benutzt. Du wirst feststellen, welcher Looper am Besten für dich geeignet ist, je nachdem, wofür du ihn verwenden möchtest. Es gibt viele Marken und Modelle, also ist es eine persönliche Entscheidung.

Nachdem du dieses Kapitel gelesen hast, wirst du wissen, welche Art von Pedal du benötigst und wie es funktioniert.

Was ist ein Loop-Pedal?

Loop-Pedals werden immer mehr zu einem praktischen Werkzeug für jeden Musiker. Du kannst dich selbst aufnehmen, wie du einen Teil der Musik spielst und dem Pedal sagen, dass es ihn dauerhaft wiederholen soll. Während der erste Loop abgespielt wird, kannst du verschiedene Ebenen der Musik darüber aufnehmen. Tatsächlich könntest du einen Bassteil, einige Akkorde, einen funkigen kleinen Rhythmus-Teil, eine Melodie *und* eine Gegenmelodie aufnehmen, die du alle gleichzeitig abspielst, während du darüber jammst oder singst!

Loop-Pedals bieten auch einige positive Nebeneffekte. Wenn der Schlagzeuger nicht zur Probe erscheint oder der Bassist wieder zu spät kommt, kann ein Loop-Pedal dir die Möglichkeit geben, allein Musik zu machen. Das Konzept ist einfach, aber effektiv: Nimm auf, was du spielst, damit es sofort wiedergegeben wird. Du kannst dann zu den von dir erstellten Tracks jammen, schöne melodische, rhythmische und harmonische Ebenen hinzufügen oder es als Übungswerkzeug verwenden, um dich letztendlich mit dem Klang der Tonleiter vertraut zu machen, die du gerade lernst.

Die Möglichkeiten sind grenzenlos. Drücke einfach auf Aufnahme, Wiedergabe, Ebene und sei kreativ.

Lass uns tiefer in die verschiedenen Funktionen von Loop-Pedalen eintauchen. Wenn du diese verstehst, wird es für dich viel einfacher, den Anfang zu machen.

Merkmale eines Loop-Pedals

Loop-Zeit

Das erste, was du beachten solltest, ist, wie lange dein Pedal einen Loop aufnehmen kann. In den letzten Jahren hat sich die maximale Aufnahmezeit von Loop-Pedalen dramatisch erhöht, so dass du damit wahrscheinlich keine Probleme haben wirst. Einige Delay-Pedale haben jedoch die Möglichkeit, wie ein einfacher Looper zu funktionieren, zum Beispiel der Boss DD-7 und Strymon Timeline. Mit diesen Pedalen ist die maximale Aufnahmezeit ziemlich begrenzt und es lohnt sich, ein eigenständiges Loop-Pedal zu kaufen, wenn du wirklich kreativ werden willst.

Steuerungen und Schalter

Jede Marke von Loop-Pedals hat ein anderes Layout, aber sie funktionieren alle auf ähnliche Weise, so dass es am besten ist, wenn du dir den einfachsten besorgst, der deine musikalischen Bedürfnisse erfüllt. Wenn du nur einen einfachen Looper zum Üben benötigst, reicht ein kompakter Looper aus. Diese sind oft erschwinglich und verwenden einen Fußschalter für Aufnahme, Ebenen, Stopp und Start. Diese Looper nehmen weniger

Platz auf deinem Pedalboard ein und sind äußerst benutzerfreundlich, können aber in ihren Looping-Optionen eingeschränkt und in Echtzeit etwas schwieriger zu bedienen sein. Zu den „Kompakt"-Loopern gehören:

- TC Electronic Ditto

- Nux Loop Core Pedal

- Boss RC-1 oder RC-3 Loop Station

- Electro-Harmonix 720

Einige dieser Looper ermöglichen es dir, einen externen Fußschalter oder ein Expression-Pedal anzuschließen, um deine musikalische Kontrolle zu erhöhen oder zusätzliche Optionen freizuschalten.

Wenn es dein Ziel ist, komplizierte Loops zu erstellen, die getrennte Loops für verschiedene Teile von Songs beinhalten, d.h. einen Loop für die Strophe und einen anderen für den Refrain, und zwar mit vielen verschiedenen Ebenen, dann ist ein einfaches kompaktes Pedal möglicherweise nicht der Aufgabe gewachsen. In diesem Fall solltest du die Mehrkanal-Pedale untersuchen. Diese Pedale können mehrere Spuren aufnehmen, die unabhängig voneinander übereinandergelegt und ein- und ausgeschaltet werden können.

Einige High-End-Looper ermöglichen die Aufnahme mehrerer Instrumente über das gleiche Pedal, verfügen über zusätzliche Effekte und können sogar Backing-Tracks speichern. Einige dieser fortgeschritteneren Looper sind:

- Digitech JamMan Stereo Looper

- Boss RC-300 Loop Station

- Pigtronix SPL Infinity Looper

- TC Electronic Ditto X4

Timing und Synchronisation

Gutes Timing ist für das Looping unerlässlich, wie du bald feststellen wirst. Zu Beginn kann es schwierig sein, die Loops *tight* zu halten (perfekt im Takt), da du mit dem Fuß die Aufnahme genau zu dem Zeitpunkt beginnen musst, in welchem du mit dem Loop beginnst. Wie du diese Synchronisation erleichtern kannst, erfährst du im nächsten Kapitel, aber es lohnt sich zu wissen, dass einige Loop-Pedale Tools haben, die dir helfen, tight zu spielen. Diese reichen von der *Tap-Tempo*-Funktion bis hin zur Synchronisation mit MIDI- oder anderen Effekt-Pedalen, die alles auf den gleichen Beat einstellen.

Einige Pedale haben sogar eine Quantisierungsfunktion, die deine Loops perfekt im Takt spielen lässt. Dies erleichtert den Live-Einsatz von Loop-Pedalen, da sie den Raum für menschliche Fehler reduzieren. Natürlich ist es immer noch wichtig, an deinem Timing zu arbeiten, auch wenn du einen Looper mit erweiterten Synchronisationsoptionen kaufst.

Wenn das Timing für dich schwierig ist, kannst du immer ein Metronom benutzen, mit dem du spielen kannst, um deinen ersten Loop zu erzeugen. Sobald du deine erste Loop-Ebene im Takt aufgenommen hast, kannst du das Metronom ausschalten und mit der nächsten Ebene deines Loop-Prozesses fortfahren.

Speicher

Das Speichern von Ideen oder Loops kann von unschätzbarem Wert sein, besonders wenn du Musik schreiben willst. Viele Loop-Pedale können an deinen Computer angeschlossen werden und ermöglichen es dir, deine Loops dort zu speichern. Überprüfe, ob diese Funktion verfügbar ist, wenn du dich für ein Pedal entscheidest.

Besondere Merkmale

Einige Looper enthalten einige coole Tricks, die deine Kreativität noch weiter steigern können. Mehrere Instrumenteneingänge und die Möglichkeit, Backing-Tracks abzuspielen, sind bereits erwähnt worden, aber andere beinhalten *Auto-Start*, der die Aufnahme erst dann startet, wenn der Prozessor das Gitarrensignal erkennt, *Reverse-Loop*, der die Aufnahme umkehrt und rückwärts abspielt, *halbe Geschwindigkeit*, *Fadeout* und vieles mehr.

Mit diesen zusätzlichen Optionen, die dir zur Verfügung stehen, wirst du sicher jeden begeistern, der deine Loops hört.

Welcher Looper ist der Richtige für dich?

Jetzt verstehst du, wie verschiedene Loop-Pedals funktionieren und kannst den Looper auswählen, der am besten zu dir passt. Verschiedene Musiker haben unterschiedliche Vorlieben, was ihre Musik umso einzigartiger macht. Mein Lieblings-Looper ist der TL Electronic Ditto Looper, weil er einfach und gut gebaut ist, aber es gibt viele Alternativen, wenn du nach etwas Vielseitigerem suchst.

Berücksichtige die folgenden Fragen, wenn du ein Loop-Pedal kaufen möchtest:

- Wofür werde ich ihn verwenden? Live-Musik, Home-Recording, zum Üben, zum Speichern von Ideen oder alles davon?

- Wie lange muss mein Loop-Pedal aufnehmen können?

- Ist es einfach zu bedienen?

- Wie viele Tracks möchte ich aufnehmen können?

- Welche weiteren Funktionen benötige ich für dieses Pedal?

- Was ist mein Budget?

Die Beantwortung der obigen Fragen hilft dir, das perfekte Loop-Pedal für deine Zwecke zu finden.

Zusätzlich zu den bereits erwähnten Loop-Pedalen solltest du auch die folgenden auschecken. Es ist für jeden etwas dabei.

- Donner Tiny Looper Guitar Effect Looper

- VOX VLL1 Guitar Looper

- Zoom G1on Guitar Effects Pedal

Platzierung des Loopers auf deinem Pedalboard

Wenn du mehrere Pedale hast, ist es eine gute Idee, darüber nachzudenken, wo du deinen Looper am besten platzieren kannst. Der Konsens ist, dass er am besten funktioniert, wenn man ihn als letztes in der Signalkette platziert, vor dem Verstärker. So kannst du Loops erstellen und andere Pedale ein- und ausschalten, ohne den Klang des Originalloops zu verändern.

Mein Ratschlag ist jedoch, mit der Platzierung deines Loopers zu experimentieren. Wenn du ihn beispielsweise an die erste Stelle in deiner Signalkette setzt, kannst du den Klang des aufgenommenen Loops ändern, indem du die Regler anderer Pedale, die du verwendest, anpasst. Dies kann sehr interessante Sounds erzeugen, wie z.B. die Verwendung eines Wah-Wah als Filter über den Loop.

Eine weitere Möglichkeit besteht darin, den Looper nach deinen Drive-Pedalen und vor allen Modulationseffekten zu platzieren. Dies gibt dir unter anderem die Möglichkeit, einen Loop aufzunehmen, ein Solo mit Overdrive zu spielen, ohne den Klang des Originalloops zu verändern, und dann den Feedback Controller an deinem Delay-Pedal so einzustellen, dass der Loop zu oszillieren beginnt.

Wie du sehen kannst, gibt es eine ganze Reihe von Optionen und die Hauptsache ist, zu experimentieren, zu lernen und Spaß zu haben. Sieh es so:

Wenn du den Klang deines bereits aufgenommenen Loops ändern willst, platzierst du die Pedale, die du zu diesem Zweck verwenden möchtest, *nach* dem Looper.

Wenn du willst, dass dein aufgenommener Part gleichbleibt, dann Layer mit Effekten hinzufügen willst, legst du diese Effekte *vor* den Looper.

Eine letzte Anmerkung: Ich benutze oft zwei Looper, nur um noch kreativer zu werden. Ich stelle einen als erstes Pedal in meine Signalkette und einen als letzten. Auf diese Weise kann ich einen Loop mit dem ersten Looper aufnehmen, den Sound mit den nachfolgenden Effekten ändern und dann (nach einiger Zeit) den ersten Loop in den zweiten Looper aufnehmen, um mehr Freiheit mit dem Sound zu schaffen! Durch die Verwendung von zwei Loopern kannst du auch einige seltsame rhythmische Verschiebungen machen. Wie gesagt, experimentiere und hab Spaß!

Kapitel Zwei: Erste Schritte

In diesem Kapitel lernst du die grundlegendste Technik des Loopings: Wie du Single-Layer-Loops ohne Overdubs aufnehmen kannst. In diesem Buch geht es darum, zu lernen, wie man eigene Loops erstellt, indem man zuerst die Beispiele kopiert und sie dann als Inspiration für eigene improvisierte Riffs verwendet.

Du beginnst mit *eintaktigen Loops*, erhöhst die Länge und Schwierigkeit des Loops schrittweise, sowohl rhythmisch als auch harmonisch, und lernst viele kreative musikalische Ideen. Es ist immer eine gute Idee, vor dem Aufnehmen der Aufnahme zu wissen, *was* du loopen möchten, also stelle sicher, dass du dir die folgenden Musikbeispiele merkst, bevor du sie loopst.

Das Erlernen von *akkordbasierten* Loops ist die erste Station auf dem Weg zu völliger Loopingfreiheit. Sobald du diese beherrschst, wirst du zu Einzelnoten *Riff-basierten* Loops übergehen, bevor du sowohl Akkorde als auch Riffs kombinierst.

Denke daran, dass sowohl Timing als auch Lautstärke wesentliche Bestandteile eines guten Loops sind. Deshalb habe ich ein unverzichtbares Video erstellt, welches dir durch eine ausführliche Erklärung hilft. Gehe auf **https://www.fundamental-changes.com/guitar-looper-pedal-videos,** um es jetzt anzusehen.

Erster Teil: Akkordbasierte Loops

In diesem Abschnitt baut jedes Loopbeispiel auf dem Vorherigen auf, daher ist es wichtig, diese Beispiele systematisch durchzugehen.

Das größte Problem, mit dem du als Anfänger konfrontiert wirst, ist, das Loop-Pedal wirklich rechtzeitig zu starten. Eine Möglichkeit, dies zu erleichtern, besteht darin, auch den ersten Beat des nächsten Taktes zu spielen. Das bedeutet, dass du für einen eintaktigen Loop.....

- Das Metronom auf 60 Schläge pro Minute (bpm) setzt

- Aufnahme bei dem ersten Schlag eines Taktes drückst

- Die Taste drückst, um die Aufnahme mit dem ersten Schlag des nächsten Taktes zu stoppen, während du den Akkord erneut spielst.

Dies wird dazu beitragen, einen reibungslosen, genauen Übergang zwischen Stopp und Start des Loops zu schaffen.

Hoffentlich ist es klar, dass dein Hauptaugenmerk bei diesen ersten Beispielen auf dem Spielen mit gutem Rhythmus und Takt gelegt werden sollte. Höre dir das Audio an und spiele es mit, damit du dich mit dem Rhythmus und dem Gefühl vertraut machen kannst. Du kannst es von **www.fundamental-changes.com** herunterladen, wenn du es noch nicht getan hast.

Stelle zunächst dein Metronom auf 60 bpm ein und halte einen E-Dur-Akkord gedrückt. Zähle die Schläge „1, 2, 3, 4" laut oder in deinem Kopf.

Bei Schlag eins drückst du die Aufnahme-Taste am Looper und spielst gleichzeitig den E-Dur-Akkord. Halte den Akkord vier Schläge lang und drücke die Taste am Looper erneut auf Beat eins im nächsten Takt.

Herzlichen Glückwunsch, du hast gerade deinen ersten Loop erstellt!

Beispiel 2a

Lass uns dem vorherigen Loop einen interessanteren Rhythmus hinzufügen. Warte auf den ersten Schlag eines Taktes, schalte den Looper ein und spiele den E-Dur-Akkord erneut, aber diesmal spiele bei jedem Schlag. Drücke den Looper erneut auf Schlag eins des nächsten Taktes. Denke daran, dass es hilfreich ist, auch den ersten Schlag des nächsten Taktes zu spielen, da du dadurch nicht gleichzeitig mit dem Spielen aufhören und den Loop-Button drücken musst. Einen zusätzlichen Beat des Loops zu spielen, aber die Aufnahme einen Beat früher anzuhalten, ist eine gängige Taktik der besten Looping-Musiker der Welt!

Beispiel 2b

Um den Rhythmus interessanter zu gestalten, füge dieses beliebte Strumming-Muster dem E-Dur-Akkord hinzu. Schon ein einziger Akkord kann die Grundlage für viel schöne Musik sein.

Beispiel 2c

Jetzt, wo du das draufhast, lass uns lernen, wie man einen zweitaktigen Loop mit zwei Akkorden erstellt.

Verwende das Strumming-Muster aus dem vorherigen Beispiel und spiele einen E-Dur-Akkord in Takt eins, gefolgt von einem A-Dur-Akkord in Takt zwei. Nutze dabei das Metronom, um zu überprüfen, wie tight du dieses Beispiel gespielt hast.

Beispiel 2d

Eine häufige Akkordfolge in der Unterhaltungsmusik ist die I IV V I Progression (E, A, B, E). In diesem Beispiel wird es in E-Dur mit dem gleichen Strumming-Muster wie die vorherigen Beispiele gespielt. Dieses Beispiel könnte dein Timing durchaus auf die Probe stellen! Versuche zuerst, dieses Beispiel *ohne* Verwendung eines Metronoms zu spielen und ziehe das Tempo anschließend an, um zu sehen, wie gut du es gemacht hast. Diese Technik ist eine gute Übung, wenn du in das Live-Looping einsteigen willst, denn wenn du einen Song-Loop von Beginn an schlecht einrichtest, hast du ihn den ganzen Song über an der Backe!

Beispiel 2e

Bisher hatten alle Beispiele vier Beats in jedem Takt (4/4), aber die folgenden Ideen werden sich mit verschiedenen Taktarten beschäftigen. Diese allgemein bekannte I IV ii V (E, A, F#m, B) Akkordfolge in E-Dur wird in 2/4 gespielt.

Beispiel 2f

Eine weitere schöne Akkordfolge, die du vielleicht erkennen wirst, ist I IV vi V (E, A, C#m, B). Die 3/4-Taktart hat ein anderes Gefühl als die vorherigen Beispiele und ist eher wie ein Walzer.

Höre dir das Audiobeispiel an, um die richtige Phrasierung zu bekommen.

Beispiel 2g

In Beispiel 2h spielst du die gleichen Akkorde wie im vorherigen Beispiel, aber in einer anderen Reihenfolge. Die Taktart ändert sich auf 6/8, was dem 2/4 vom Gefühl her ähnlich ist.

Beispiel 2h

Teil Zwei: Einzelnoten-Loops (Riffs)

Lass uns nun darauf eingehen, wie man Einzelnoten-Lines als Grundlage für Loops verwendet. Auch hier ist es wichtig, diese Beispiele mit einem Metronom zu spielen, denn gutes Timing ist wichtig. Du wirst feststellen, dass es in einigen dieser Beispiele mehr Pausen (Schläge der Stille) gibt, da es wichtig ist, Platz in der Musik zu lassen - besonders wenn du mehrere Ebenen aufnehmen willst (worüber wir später mehr erfahren werden).

Dieses Beispiel basiert auf einer E-Dur-Triade (E G# B E), die eine Note pro Beat gespielt wird. Hör, wie ich die Lautstärke jeder Note kontrolliere und den Rhythmus so tight wie möglich halte.

Beispiel 2i

Lass uns den Rhythmus des vorherigen Beispiels interessanter gestalten, indem wir weitere Pausen hinzufügen. Schließe dich meinem Audio an und lass es grooven.

Beispiel 2j

Das nächste Beispiel baut auf dem vorherigen auf und zeigt dir eine Möglichkeit, einem Loop eine kleine Variation hinzuzufügen. Das zweimalige Aufnehmen desselben Riffs gibt dir mehr Freiheit, wenn du zusätzliche Layer zu deinem Loop hinzufügen möchtest.

Beispiel 2k

Hier ist die gleiche Idee, aber gespielt als Riff in der e-Moll-Pentatonik (E G A B D).

Beispiel 2l

Dieses Riff basiert auf einem a-Moll-Pentatonischen (A C D E G) Groove und fügt chromatische Nebentöne hinzu, bevor es sich wiederholt. Ich weiß, dass ich das immer wieder sage, aber halte den Rhythmus tight und spiele den Loop über den Takt hinaus, auch wenn du die Aufnahme auf Beat eins stoppst.

Beispiel 2m

Die nächsten beiden Beispiele enthalten Ideen, die gut zusammenpassen und dich ermutigen, über die Komposition komplementärer Linien nachzudenken, die gut in Loops interagieren.

Das Erlernen eines solchen Denkens ist eine wesentliche Technik für einen Musiker. Du fragst dich vielleicht manchmal: „Was kann ich spielen, um diese Akkordfolge zu begleiten ohne zu überwältigend zu klingen" oder „Was kann ich über eine sehr einfache Basslinie hinzufügen"? Das Üben mit einem Loop-Pedal wird dir beibringen, interessante Gitarrenparts zu komponieren, die mit deiner Band grooven und sie ergänzen.

Beispiel 1n ist die Akkordfolge C, F, Am, D (I IV vi V in C-Dur). Lerne es, loope es und benutze dann Beispiel 1o als Overdub. Es enthält die Akkorde, verwendet aber die Noten jedes Akkords, um ein interessantes Riff zu bilden.

Beispiel 2n

Beispiel 2o

Teil Drei: Kleine Akkorde und Riffs kombinieren

Jetzt wirst du lernen, wie du deine Loops interessanter gestalten kannst, indem du die beiden vorherigen Abschnitte dieses Kapitels kombinierst.

Es ist wichtig, „harmonischen Raum" in Loops zu lassen, besonders wenn du mehrere Layer aufnehmen oder mit anderen Musikern spielen willst. Deshalb werden die Akkorde in den nächsten Beispielen oft auf weniger Saiten gespielt.

Beispiel 2p zeigt dir, wie du rhythmisch Raum schaffen kannst, indem du viele Pausen einfügst und harmonisch, indem du nur die oberen drei Saiten der Gitarre verwendest.

Beispiel 2p

Als nächstes füge dieses Riff zur vorherigen Akkordfolge hinzu. Lass das Metronom an und spiele es funky!

Beispiel 2q

Hier ist einer meiner Lieblings-Loops in diesem Kapitel. Achte auf den verbleibenden rhythmischen Raum und die Verteilung der Frequenzen (Notenbereich) der Gitarre. Das Riff kümmert sich um die tiefen Frequenzen, während die Akkorde höher oben auf dem Griffbrett gespielt werden.

Beispiel 2r

Eine weitere Möglichkeit, den Rhythmus und den Puls groovy zu halten, besteht darin, deinem Spiel Ghost Notes hinzuzufügen.

Eine Ghost Note entsteht, indem die Saite gedämpft wird, während du sie spielst, was deinem Riff ein grooviges perkussives Element hinzufügt. Hier ist eine I IV I V Akkordfolge in A-Dur (A, D, A, E). Achte darauf, dass du nur die oberen drei Saiten spielst, auch wenn du die gesamte Akkordform gedrückt hältst. Denke klanglich und halte dich von möglichen zusätzlichen Ebenen fern.

Beispiel 2s

Beispiel 2t

Um dich an verschiedene Taktarten zu gewöhnen, ist hier ein Loop in 6/8.

Teil Vier: Loops mit ungeraden Taktarten

Dieses Kapitel endet mit zwei Beispielen, die in ungeraden Taktarten gespielt werden. Du kannst die folgenden Ideen nutzen, um wirklich interessante und unvorhersehbare Loops zu erstellen und es ist eine großartige Möglichkeit, deinen Rhythmus und dein Timing weiterzuentwickeln.

Stelle dein Metronom auf oder zähle in 5/4 und spiele das nächste Beispiel so genau wie möglich. Höre dir das Audio an, um das richtige Gefühl zu bekommen.

Beispiel 2u

Eine wirklich interessante Taktart ist 7/4. Das nächste Beispiel wird mit der c-Moll-Pentatonik gespielt.

Beispiel 2v

Fünfter Teil: Rhythmus

Als Übergang zum nächsten Kapitel gibt es hier einen kleinen Groove in 4/4, der ausschließlich mit Ghost Notes gespielt wird. Dieses rhythmische Muster ist eine coole Grundlage für einen einlagigen Loop.

Beispiel 2w

Kapitel Drei: Hinzufügen von Percussions

In diesem Kapitel erfährst du, wie du den Beispielen des vorherigen Kapitels eine Ebene mit Percussion hinzufügen kannst, um verschiedene Beats, Rhythmen und Taktarten zu erzeugen. Es ist wichtig, flexibel in Bezug auf die Reihenfolge zu sein, in der du die Layer aufnimmst, also lege jeden Loop immer auf beide Arten ab. Dann wirst du lernen, wie du mit einer perkussiven Idee beginnst, bevor du eine harmonischere, reichere Ebene hinzufügen kannst und umgekehrt.

Probiere die perkussiven Ideen mit einem Plektrum und den Fingern aus, um mit dem Ton und der Textur des Loops zu experimentieren. Eine weitere Möglichkeit, einen Beat zu erzeugen, besteht darin, die Saiten (oder den Korpus der Gitarre bei einer Akustischen) mit der rechten Hand zu schlagen.

Viele dieser Beispiele beinhalten das Abdämpfen der Saiten mit der linken Hand, also experimentiere mit deiner Handplatzierung auf den Saiten. Wenn du sie nach oben oder unten bewegst, werden verschiedene Töne und Effekte erzeugt. Du kannst deine Hand an eine beliebige Stelle legen, aber es ist wichtig, den Unterschied im Klang zu beachten.

Wenn du mehr als eine Ebene in einem Loop verwendest, ist es auch wichtig, die Lautstärke jeder Ebene zu beachten. Normalerweise, wenn ich die perkussive Idee mit einem Pick spiele, drehe ich meinen Lautstärkeregler ein wenig herunter, da sie tendenziell lauter ist als die andere Ebene. Du musst experimentieren, um zu sehen, was dir am besten gefällt, denn der Anschlag eines jeden ist unterschiedlich. Achte jedoch darauf, dass du die Audiodateien für ein tieferes Verständnis dieser Beispiele anhörst.

Die erste Hälfte des nächsten Loops basiert auf Beispiel 2c. Beginne mit der Aufnahme des E-Akkords, dann lege den gedämpften Rhythmus, der in der zweiten Hälfte notiert ist, darauf.

Beispiel 3a

Eines der Geheimnisse des erfolgreichen Loopings ist es, den Unterschied zwischen den starken und schwachen Beats zu betonen, genau wie ein Drummer mit seinem Kick und Snare. Dieser Viertelnoten-Rhythmus verleiht deinem bestehenden Loop viel Tiefe. Wenn du ihn spielst, achte darauf, die Lautstärke zu kontrollieren.

Beispiel 3b

Ändern wir nun den Puls und das Gefühl dieser Idee von 1/4 auf 1/8 (beachte, dass es immer noch einen Unterschied zwischen den starken und schwachen Beats gibt). Je nachdem, welche Art von Stimmung du erzeugen möchtest, kannst du die rhythmische Ebene mit den Fingern spielen, was weicher und sanfter klingt, oder mit einem Pick, damit sie härter und aggressiver klingt. Im Audiobeispiel wird dieser Loop mit einem Pick gespielt.

Beispiel 3c

Ein interessanter Ansatz ist es, dem Rhythmus des angeschlagenen E-Dur-Akkords zu folgen. Wie du sehen kannst, ist der Rhythmus der zweiten Hälfte von Beispiel 3d derselbe wie in der ersten Hälfte, was zu einem starken Gesamt-Loop führt.

Beispiel 3d

Beginnen wir damit, die Loops länger zu machen. Dies basiert auf Beispiel 1d und verwendet das in Beispiel 2d dargestellte rhythmische Muster, das für zwei ganze Takte gespielt wird.

Beispiel 3e

Dieses 2/4-Beispiel ist das erste, bei dem die perkussive Idee *vor* der harmonischen Idee notiert wird, aber übe immer alle diese Loops auch umgekehrt. Dabei geht es um die Unterscheidung zwischen starken und schwachen Beats.

Beispiel 3f

Das Walzer-Feeling (stark-schwach-schwach), das eine 3/4-Takt-Signatur oft erzeugt, ist ein interessantes rhythmisches Muster, das in einem Loop aufgenommen werden kann. Achte darauf, dass du den ersten Schlag jedes Taktes betonst, um ihn stärker zu machen. Nachdem du den Rhythmus aufgenommen hast, gehe zu Beispiel 2g im vorherigen Kapitel zurück und spiele es darüber ab, um deinen zweilagigen Loop zu beenden.

Beispiel 3g

Ich denke, du bist jetzt bereit für einen fortgeschritteneren Loop. Das nächste Beispiel (basierend auf Beispiel 2k) verwendet verschiedene Saiten, um ein komplexeres rhythmisches Muster zu erzeugen.

Beispiel 3h

Ein synkopierter (Offbeat) Rhythmus, der den Groove nach vorne drückt, ohne dem genauen Rhythmus des Riffs zu folgen, bildet eine komplementäre Ebene. Dieser Loop basiert auf dem Beispiel 2l in e-Moll-Pentatonik (E G A B D).

Beispiel 3i

Eine meiner Lieblings-Loops zum Spielen ist Beispiel 2m. Dieser a-Moll-Pentatonische Loop fügt am Ende eine interessante chromatische Variation hinzu, bevor er sich wiederholt. Die perkussive Ebene hat ein ähnliches rhythmisches Muster wie das Riff und hilft, den Groove zu betonen. Nimm es zuerst auf.

Beispiel 3j

Triolen teilen den Beat in drei gleichmäßige Bereiche auf. Lass sie uns zu unserem Inventar an rhythmischen Figuren hinzufügen. Dieser Loop zeigt, wie man diese interessante perkussive Idee über Beispiel 2o legt.

Beispiel 3k

Normalerweise ist es eine gute Idee, die zweite Ebene zu verwenden, um entweder den Rhythmus der ursprünglichen Idee zu wiederholen oder die Lücken zu schließen.

Im nächsten Beispiel wird der erste Teil den Rhythmus betonen, der zweite Teil wird komplementär sein. Übertreibe diese Ideen nicht. Das Ziel ist es, genügend Platz in dem Loop zu lassen, um eine weitere Ebene aufzunehmen, ein Solo zu spielen, zu singen oder ein anderes Instrument in den Vordergrund zu bringen. Achte darauf, wie sich die Bereiche der Ebenen verbinden und wie rhythmisch dicht die Musik ist. Das folgende Beispiel (basierend auf Beispiel 2q) befindet sich direkt am Rande einer zu hohen Dichte.

Beispiel 3l

Du kannst all diese Ideen weiterführen, indem du mehr perkussive Ebenen hinzufügst.

Spiele ein grundlegendes „stark-schwach"-Muster in 4/4 für deinen ersten Loop und beginne dann, wenn du die Aufnahme startest, gedämpfte 1/8-Noten auf der B-Saite zu spielen. Die Technik, eine gedämpfte Note auf einer Saite zu wiederholen, kann einigen Loops einen echten Flow verleihen. Es klingt nicht immer toll, aber manchmal ist es genau das, was die Musik braucht. Übe noch einmal, diese Teile in einer anderen Reihenfolge anzuordnen und vergiss das Metronom nicht!

Beispiel 3m

Das nächste Beispiel ist etwas einfacher als die Vorherigen. Wie Beispiel 2t ist es in 6/8 und es soll dir zeigen, wie man einen harmonischen Raum verlässt.

Beispiel 3n

Das letzte Beispiel dieses Kapitels erinnert an 1u und wird in 5/4 gespielt. Akzentuiere den ersten und vierten Beat, um ein 3+2-Feeling zu erzeugen.

Beispiel 3o

Kapitel Vier: Basslines hinzufügen

In diesem Kapitel werden wir die Loop-Ideen aus Kapitel zwei wiederholen und du wirst lernen, eine Bassline als zweite Ebene hinzuzufügen.

Hier sollte der Schwerpunkt auf der Verwendung verschiedener Frequenzen (Bereiche der Gitarre) liegen, die sich gegenseitig ergänzen. Wenn du zum Beispiel Barré-Akkorde überall am Griffbrett spielen würdest, wäre es schwieriger, eine neue Ebene hinzuzufügen, die man durch die harmonische *Dichte* hören kann.

Es ist einfacher, zusätzliche Layer wie Basslinien und Melodien zu kleineren dreistimmigen Akkorden hinzuzufügen, die du auf den höheren Saiten der Gitarre gespielt hast. Es gibt immer die kreative Möglichkeit, mit einem Oktavpedal deine Ebenen eine Oktave nach oben oder unten zu verschieben und den Frequenzabstand zwischen den Ebenen zu erhöhen.

Es ist wichtig, die Lautstärke jeder Ebene zu kontrollieren. Die Bassline ist typischerweise leiser als die Akkorde, was der Effekt sein könnte, den du dir wünschst, aber wenn du willst, dass sie heraussticht, reduziere einfach deine Lautstärke, wenn du die Akkorde aufnimmst.

Übe erneut, die Reihenfolge, in der du diese verschiedenen Parts aufnimmst, zu ändern und experimentiere damit, wie du die Basslines spielst. Du kannst Palm Muting, Staccato oder Legato verwenden, dein Plektrum, Finger oder Daumen benutzen und in der Nähe des Steges oder Halses der Gitarre spielen.

Als Einstieg gibt es hier eine coole Bassline, die du als einlagigen Loop verwenden kannst. Übe verschiedene Arten, dieses Beispiel zu artikulieren. Ich habe es mehrmals aufgenommen, indem ich in der Nähe des Halses, in der Nähe des Stegs, mit Pick, Fingern und Daumen, Staccato, Legato und Palm Muting gespielt habe. Wie viele Möglichkeiten gibt es, diese Bassline zu spielen?

Beispiel 4a

Die nächsten drei Beispiele basieren alle auf Beispiel 2c. Beginne, indem du den E-Dur Akkord loopst, dann drücke erneut auf Aufnahme und spiele diese Basslinie in straffen Viertelnoten. Wie du in Kapitel drei gelernt hast, kannst du auch hier die starken Beats gegenüber den schwachen hervorheben.

Beispiel 4b

Lass uns die Bassline etwas interessanter machen, sowohl rhythmisch als auch melodisch. Alle diese Noten stammen aus der E-Dur-Pentatonik.

Beispiel 4c

Wie immer ist es wichtig, nicht zu viel zu spielen. Im nächsten Beispiel hört man, wie das Platzlassen oft zu einem viel weniger vorhersehbaren Teil führt. Die Töne stammen noch immer aus der E-Dur-Pentatonik, aber rhythmisch ist es viel interessanter.

Beispiel 4d

Dem Rhythmus des Akkords zu folgen, kann auch für Basslinien gelten. Verwende ein Metronom, um es *tight* zu halten und den Hauptgroove zu betonen.

Beispiel 4e

Du kannst die Bassline auch zwischen den Akkorden spielen, um andere Parts zu ergänzen.

Wenn du dieses nächste Beispiel ohne Metronom spielst, wirst du den Zuhörer verwirren, indem du ihn glauben lässt, dass die Bassnote auf den ersten Schlag jedes Taktes fällt. Es ist eine großartige Möglichkeit, die Erwartungen der Menschen zu ändern und deine Musik weniger vorhersehbar zu machen.

Beispiel 4f

Um die Parts grooviger zu machen, verwenden viele Bassisten häufig Ghost Notes, um ein perkussives Element hinzuzufügen. Diese Idee basiert auf Beispiel 2g und ist im 3/4-Takt.

Beispiel 4g

Fügen wir einer perkussiven Idee anstelle einer Akkordfolge eine Basslinie hinzu. Achte darauf, dass du die Lautstärke für diese Teile auf ein angemessenes Niveau einstellst, damit beide Ideen gut hörbar sind.

Beispiel 4h

Wenn du auf Beispiel 2l zurückblickst, wirst du feststellen, dass es sich bereits um eine Bassline handelt, also fügen wir hier Akkorde zu dieser Bassline hinzu. Der Akkord ist ein dreisaitiges Voicing eines Em7-Akkords und interessant, weil seine Frequenzen so weit von dem Bassteil entfernt sind.

Beispiel 4i

Nun machen wir das Gleiche mit Beispiel 2m. Spiele zuerst die Bassline und lege dann die Akkorde darüber. Beachte, dass die A-Note auf der tiefen E-Saite wiederholt wird. Dies ist optional, aber ich habe es notiert, um dir die Position des vollen Akkords anzuzeigen.

Beispiel 4j

Die Beispiele 2n und 2o basieren auf der gleichen Idee, also lass sie uns zusammenfassen. Die Akkorde verwenden nur die oberen drei Saiten und die Bassline wird auf den unteren drei Saiten gespielt. Da es sich um eine funky Bassline mit vielen Noten handelt, ist es besser, mehr Platz beim Spielen der Akkorde zu lassen. Das Voicing für dieses Beispiel ist interessant, da es alle *Umkehrungen* der Akkorde auf den oberen drei Saiten verwendet.

Beispiel 4k

Im nächsten Beispiel spielst du die Hälfte einer harmonischen Idee und die Hälfte einer perkussiven Idee in jeder Ebene. Kombiniert klingen sie wie ein perfekter Loop mit unterschiedlichen Parts, aber es ist wichtig zu wissen, dass das Publikum beim Live-Auftritt alle Parts in der Reihenfolge hört. Es geht nicht nur um das fertige Produkt, sondern auch um die Reise, die du mit dem Publikum unternimmst, um dorthin zu gelangen. Dieses Beispiel wird dir hoffentlich neue Inspiration geben und dir helfen, kreativ zu werden.

Beispiel 4l

Die nächste Idee teilt die Bassline und die Akkordidee aus Beispiel 2r auf. Auch hier hört das Publikum die musikalische Reise zum Endergebnis und daher ist es sehr wichtig, durch Platzlassen und das langsame Aufbauen von Parts für Musikalität zu sorgen.

Beispiel 4m

Das nächste Beispiel (basierend auf Beispiel 2t) ist eine I IV I V Akkordfolge in A-Dur mit den Akkorden auf den ersten drei Saiten gespielt. Die Bassline kümmert sich um den unteren Teil des Frequenzspektrums und verwendet die unteren Saiten.

Der Rhythmus beider Teile ist genau der gleiche, was hier eine gute Idee ist, denn die Frequenzen sind ziemlich weit auseinander, so dass die Teile miteinander verbunden werden und ein solides Ganzes ergeben.

Beispiel 4n

Die letzten beiden Beispiele verwenden beide Drop Tunings, um den Bassbereich der Gitarre zu erweitern. Spiele diesen nächsten Loop in Double Drop D Tuning (von tief bis hoch ist die Gitarre so gestimmt: D A D G B D) und versuche, die Basslinie mit der Handfläche zu dämpfen.

Beispiel 4o

Drop C Tuning ist ebenfalls eine interessante Option und wird in Beispiel 4p verwendet (Die tiefe E-Saite wird auf ein C gestimmt und die Gitarre wird von tief bis hoch so gestimmt: C A D G B E).

Beispiel 4p

Kapitel Fünf: Extra Overdubs

Inzwischen solltest du mit deinem Loop-Pedal sicherer sein. In diesem Kapitel erfährst du, wie du drei oder mehr verschiedene Loops aufnehmen kannst, die gut zusammenwirken. Auch hier liegt es an dir, die Reihenfolge zu ändern, in der du diese Ideen aufnimmst, um mit deinem Looper-Pedal wirklich gut zurecht zu kommen. Achte auf das Volumen jedes Teils, denn dies wird umso wichtiger, je mehr Ebenen du hinzufügst.

Wir beginnen mit der Kombination von Ideen, die zuerst in Kapitel zwei behandelt wurden, mit Percussion-Effekten aus Kapitel drei und Basslinien aus Kapitel vier.

Wenn du weitere Layer hinzufügst, solltest du dir darüber im Klaren sein, wie vollgepackt dein Loop wird. Der Raum in jeder Ebene wird immer wichtiger, sowohl rhythmisch als auch harmonisch, wenn du weitere Teile hinzufügst.

Erster Teil: Loops mit drei Ebenen

Das erste Beispiel ist ein eintaktiger Loop. Spiele den 1/4-Noten-4/4-Groove, füge die Bassline darüber hinzu und strumme dann den E-Dur-Akkord als dritte Ebene. Übe alle Parts separat, denn obwohl einige Looper das Löschen und Wiederherstellen des zuletzt aufgenommenen Parts ermöglichen, willst du dies nicht live tun. Es ist wichtig, jeden Teil genau zu kennen, bevor man ihn aufnimmt.

Beispiel 5a

Lass uns den vorherigen Loop verbessern, indem wir ihn rhythmisch interessanter gestalten. Mehr Platz zu lassen ist immer eine gute Idee, wenn es um mehrere Layer geht, also halte die Noten der Bassline kurz (Staccato) oder nutze sogar Palm Muting.

Beispiel 5b

Im nächsten Beispiel verwenden alle Parts genau den gleichen Rhythmus, was eine gute Grundlage für einen Song sein kann.

Beispiel 5c

Es ist wichtig, auch das Hinzufügen mehrerer Ebenen in verschiedenen Taktarten zu üben. Das nächste Beispiel ist eine 2/4-Takt-Akkordfolge in E-Dur.

Beispiel 5d

Beispiel 5e ist im ¾-Takt und das Auffälligste sind die Ghost Notes in der Bassline. Dieses zusätzliche perkussive Element trägt wesentlich zum Groove bei.

Beispiel 5e

Musikalischer zu sein, bedeutet oft, weniger Noten in jedem Part zu spielen. Hier ist ein komplementärer Loop mit einem breiten Frequenzbereich. Jeder Part hat seine eigene rhythmische Platzierung mit wenigen überlappenden Noten. Die Noten, die in mehr als einem Teil rhythmisch wiederholt werden, werden akzentuiert.

Beispiel 5f

In diesem klanglich vielfältigen Loop gehen sich die ersten beiden Ebeneen rhythmisch und frequenzmäßig aus dem Weg, während die dritte Ebene (ein repetitiver 1/8-Noten-Rhythmus) für Schwung und Impulsfestigkeit sorgt.

Beispiel 5g

In diesem Beispiel wird der Rhythmus des ersten Schlages wiederholt und damit in allen drei Teilen betont, aber es bleibt noch viel Platz im Groove. Es ist immer einfacher, neue Ebenen zu erstellen, wenn man in jedem Teil Platz lässt.

Beispiel 5h

C, Am, F, G (I vi IV V in C-Dur) ist eine der häufigsten Akkordfolgen in der Musik, so dass es manchmal schwierig sein kann, mit diesen Akkorden originell oder kreativ zu sein. Das nächste Beispiel könnte dir einige Ideen geben, wie du wie alle vier The Beatles allein spielen kannst!

Beispiel 5i

Spiele die erste Ebene dieses e-Moll-Pentatonik Beispiels mit Palm Muting und stelle sicher, dass die Lautstärke der anderen Teile entsprechend angepasst wird.

Beispiel 5j

Dieser Groove in A-Dur hat ein 6/8-Feeling. Es ist äußerst nützlich, seine Triaden an allen Saiten-Sets am ganzen Griffbrett zu lernen, um einen reibungslosen Übergang zwischen den Akkorden zu ermöglichen. Dieses Beispiel ist eine großartige Möglichkeit, diese *stimmführende* Technik musikalisch auf den unteren drei Saiten zu üben.

Beispiel 5k

Lass uns die erweiterten Bereiche noch einmal untersuchen. Der nächste Loop ist in Drop D und kombiniert einige Ebenen, die du in den vorherigen Kapiteln gelernt hast.

Manchmal ist ein einfacher Backbeat alles, was man braucht. Das nächste Beispiel kombiniert Kreativität, Können und Groove. Erweitere den Tonumfang deiner Gitarre, indem du auf Drop C stimmst, die Bassline mit der Handfläche abdämpfst und die Double-Stops so tight wie möglich spielst.

Beispiel 5m

Teil Zwei: Loops mit vier Ebenen und mehr!

Eine der besten Möglichkeiten, alle verschiedenen Ebenen eines Loops miteinander zu verbinden besteht darin, ein glattes, synthiemäßiges Pad darüber zu legen. Die Idee ist, weit oben am Griffbrett ein Akkord-Voicing zu spielen, und einen *volume swell* (crescendo) entweder mit einem Volumenpedal oder dem Lautstärkeregler an deiner Gitarre hinzuzufügen.

Diese Idee basiert auf Beispiel 5h, aber die letzte Ebene fügt einige schöne Erweiterungen zum Am-Akkord hinzu und wird über den gesamten Loop gehalten. Erhöhe die Lautstärke allmählich; nicht zu schnell.

Beispiel 5n (5h)

Hier ist ein Loop mit zwei verschiedenen Akkorden und vier verschiedenen *volume swells* darüber. Beachte, dass die Kombination verschiedener Stimmen (alle hoch am Hals) wirklich gut funktioniert und schön klingt.

Beispiel 5o

Die Verwendung von dauerhaften Obertönen über den ganzen Loop funktioniert ebenfalls gut, wie du im nächsten Beispiel hören kannst. Da die Frequenzen so weit von den anderen Teilen dieses Loops entfernt sind, fügen sie Tiefe hinzu, ohne im Weg zu sein. Dies basiert auf Beispiel 5g.

Beispiel 5p (5g)

Das nächste Beispiel, basierend auf Beispiel 5J, verwendet ebenfalls Obertöne als zusätzliche Ebene. Spiele es *tight*!

Beispiel 5q (5j)

Das Hinzufügen der Crescendi vor den meisten anderen Teilen kann eine mystische Atmosphäre erzeugen. Dieser Loop (basierend auf Beispiel 5m) klingt wie Beispiel 5j mit etwas Extra.

Beispiel 5r (5m)

Sechstes Kapitel: Wie man kreativ bleibt

Herzlichen Glückwunsch, du bist jetzt ein erfahrener Looping-Künstler! Aber wie ist es möglich, weiterhin interessante Loops zu kreieren?

Wie besprochen, kannst du die Reihenfolge, in der du deine Ebenen aufnimmst, jederzeit ändern und auch die Tempi und/oder Tonlagen ändern. Aber diese Dinge können sich nach einer Weile unoriginell und uninspirierend anfühlen, so dass dieses Kapitel dir helfen wird, einige kreative Ideen zu entwickeln, an die du vielleicht nicht gedacht hast.

In diesem Kapitel werden einige spezifische Gitarreneffekt-Pedale erwähnt. Beachte, dass dies nur Richtlinien und Vorschläge sind, also experimentiere ruhig mit den Pedalen, die du besitzt, denn verschiedene Sounds sind eine gute Möglichkeit, deine eigene Kreativität zu nutzen. Du kannst mit Wah- Wah-Pedal, Overdrive, Distortion, Fuzz, Oktav-Pedal, Modulationseffekten (Chorus, Flanger, Phaser), Delay, Reverb und mehr experimentieren.

Hier sind einige spezifischere Ideen, um deine Kreativität mit deinem Looper-Pedal zu steigern.

Erster Teil: Harmonisierung der Gitarrenparts

Ein harmonisierter Teil kann genau das sein, was ein Loop braucht. Schaue dir den folgenden Loop an, in dem der zweite Teil zu einer perfekten Quarte harmonisiert ist. Die letzte Ebene ist eine konstante Note, die einen noch vielfältigeren, mehrschichtigen Loop erzeugt. Experimentiere mit verschiedenen Intervallen bei der Aufnahme von Harmonien.

Beispiel 6a

Eine Akkordfolge und ein kleines Lick funktionieren oft gut zusammen, besonders wenn man das Lick harmonisiert, um den Loop harmonischer zu gestalten. Das nächste Beispiel hat genau das mit einem pentatonischen Lick getan, das in der nächsten Ebene harmonisiert wird, um eine akkordische Idee zu erzeugen. Finde heraus, welche Akkorde impliziert sind, wenn die beiden Töne zusammenklingen, denn es handelt sich nicht um eine strenge diatonische Harmonisierung.

Beispiel 6b

Hier ist eine weitere Idee, um einem Loop neues Leben einzuhauchen. Wichtig zu wissen ist, dass diese Ebenen nicht am Anfang des Loops hinzugefügt werden müssen. Nachdem du einen Loop eine Weile gespielt hast, kannst du zusätzliche Harmonie-Ebenen darüber hinzufügen. Es ist nie zu spät, dies zu tun, und es spielt auch mit den Erwartungen des Publikums. Im Audiobeispiel ist mein Einsatz eines Delay-Pedals hörbar.

Beispiel 6c

Zweiter Teil: Mit dem Zufall spielen

Eine meiner Lieblingsbeschäftigungen mit einem Looper ist es, etwas völlig Improvisiertes in einen Loop einzufügen, ohne zu wissen, was passieren wird, und es ist eine großartige Möglichkeit, deine Kreativität zu steigern. Achte darauf, dass du dir die Audiobeispiele für diese Loops anhörst, da sie zuerst aufgenommen und später transkribiert wurden.

Kopiere nicht alles, was hier gemacht wird, sondern verwende die Elemente als Inspiration, um deine eigenen Loops zu erstellen. Gestalte es unberechenbar, eigen für dich.

In diesem ersten Loop schlage ich zufällig auf die Saiten und versuche dann, sie zu einem Musikstück zu machen. Wie du hören kannst, gibt es bei einigen Teilen einen gewissen Overdrive.

Beispiel 6d

Im nächsten Beispiel habe ich nach ein paar Sekunden eine Note an einer zufälligen Stelle hinzugefügt. Dann setzte ich es auf Wiederholung und versuchte, es in eine Idee zu verwandeln, die rhythmisch funktioniert. Dies ist ein herausfordernder Ansatz und zwingt dich, jedes Mal, wenn du es tust, etwas anderes zu spielen.

Beispiel 6e

Teil Drei: Alternative Stimmungen

Wir sind bereits auf Drop Tunings eingegangen, so dass du bereits weißt, dass sie eine große Quelle der Kreativität sein können. Schau dir diese Beispiele an, aber recherchiere selbst - es gibt viele andere Tunings, die du verwenden kannst, also werde kreativ!

Verwende die Baritonstimmung (B E A D F# B) auf deiner Gitarre, um den Frequenzbereich nach unten zu verschieben. Es mag sich lohnen, eine alte Gitarre zur Hand zu nehmen oder eine Baritongitarre zu kaufen, aber es ist auch auf einer normalen Gitarre möglich. Ziehe dickere Saiten auf deine Gitarre, um sie in einer spielbaren Spannung zu halten.

Dieser Ansatz kann umfangreich und schön klingen, wie das nächste Beispiel zeigt. Die letzte Ebene hat eine Modulation (harmonisches Tremolo), um ein wenig Extra hinzuzufügen.

Beispiel 6f

Das nächste Beispiel wird in offener D-Stimmung (D A D F# A D) gespielt, die von Slide-Gitarristen oft bevorzugt wird.

Beispiel 6g

Hier ist ein Beispiel in DADGAD, eine von Jimmy Pages Lieblingsstimmungen. Im Audiobeispiel wirst du Chorus und Delay auf beiden Ebenen bemerken.

Beispiel 6h

Wenn du jemals John Butlers *Ocean* gehört hast, weißt du, wie schön Open C Tuning (C G C G C E) sein kann. Füge Obertöne als zweite Ebene hinzu, um mehr Frequenzen zu nutzen. Dieser Loop wäre ideal, um einen Song zu schreiben.

Beispiel 6i

Hier ist ein Beispiel, das Zufälligkeit und Alternativstimmungen kombiniert! Mit anderen Worten, stimme deine Saiten einfach zufällig auf andere Tonhöhen nach unten, bis du zu einer brauchbaren „alternativen" Stimmung kommst. Ich kam auf: C# A A E A D und habe diesen Loop erzeugt.

Beispiel 6j

Teil Vier: Verwende einen Slide

Die Slide-Gitarre ist wunderschön und ihr vokaler Klang kann genau das sein, was du brauchst, um deine Loops aufzupeppen. Schau dir Levi Clays Bücher an, wenn du mehr über das Slide-Gitarrenspiel in Standard- und offenen Stimmungen erfahren möchtest.

Das nächste Beispiel wird mit einem Slide in offener E-Stimmung (E B E G# B E) gespielt. Es ist ein einfacher Ein-Akkord-Loop, aber du kannst diesen Loop auf eine 12 Takt Blues-Progression erweitern, um ihn interessanter zu machen.

Beispiel 6k

Du kannst auch einen Loop aufnehmen und ein Solo darüber mit einem Bottleneck spielen. Hier ist ein Blues in B-Dur, gespielt in Standardstimmung. Dreh ruhig ein bisschen am Regler bei deinem Solo und höre dir das Audiobeispiel an, um einige Ideen zu klauen.

Beispiel 61

Fünfter Teil: Andere Instrumente nachahmen

Es gibt viele Instrumente, die du nur mit deiner Gitarre nachahmen kannst. Die nächsten Beispiele emulieren jeweils einen Bass, Pedal Steel, Banjo, Mandoline, Klarinette und einen Plattenspieler! Kannst du dir andere Klänge vorstellen, die du aus deiner Gitarre herausholen kannst?

Um diesen Teil des Kapitels zu beginnen, gibt es hier einen Slap-Bass Groove. Spiele tight!

Beispiel 6m

Wie du weißt, sind *volume swells* eine meiner Lieblingstätigkeiten, die ich einem Loop hinzufügen kann. Ein weiteres Instrument, das häufig Crescendi verwendet, ist ein Pedal Steel, ein Instrument, das häufig in der Country-Musik verwendet wird. Hier ist ein interessantes Beispiel mit vielen Bends und Pre-Bends und einem kleinen Trick, um es noch interessanter zu machen. Verwende die Obertöne im 7. Bund auf den Saiten D, G und B und drücke die B-Saite hinter dem Sattel hinunter, um sie um einen Halbton von B nach C zu benden (das funktioniert nicht, wenn du Locking Nuts (einen Klemmsattel) hast!).

Beispiel 6n

Hybrid- oder Finger-Picking in der Nähe des Stegs ist entscheidend für die Emulation eines Banjos, und wenn du banjo-ähnliche Sounds kreieren willst, solltest du dir Jerry Reed und Albert Lee ansehen, da sie dies auf viele verschiedene Arten tun. Verwende den Steg-Pickup, um authentischer zu klingen und eventuell ein Slapback-Delay hinzuzufügen.

Beispiel 6o

Die Stimmung einer Mandoline (G D A E) eignet sich gut für Akkorde mit großen Intervallen. Dies ist ein cooler Trick, wenn du einen Mandolineneffekt erzielen willst, indem du das höhere Register deiner Gitarre verwendest (es besteht keine Notwendigkeit, neu zu stimmen!).

Beispiel 6p

Emuliere eine Klarinette, indem du deine Noten genau 12 Bünde über der gegriffenen Note anschlägst. Dadurch ändert sich die Obertonreihe und der weiche Anschlag klingt ähnlich wie bei einer Klarinette.

Beispiel 6q

Vinyl-Scratching ist einer der coolsten Soundeffekte, die es gibt, aber selbst mit nur einer Gitarre kann man relativ nah rankommen. Dieser Trick kann fast jedem deiner Loops hinzugefügt werden und wird ihn sofort cooler klingen lassen.

Die Idee ist, die Finger oder Nägel der Picking-Hand (oder dem Plektrum für aggressiveres Scratching) zu benutzen, um einen kratzenden Klang auf den Saiten zu erzeugen. Aufwärtskratzer klingen anders als Abwärtskratzer, also experimentiere, um zu sehen, welchen Sound du bevorzugst. Im nächsten Beispiel bilden die Scratches die Grundlage des Loops.

Beispiel 6r

Das nächste Beispiel zeigt dir, wie du diese Scratches in einen cool klingenden Loop integrieren kannst, damit er fantastisch klingt.

Beispiel 6s

Teil Sechs: Zusätzliche Effekte verwenden

Eine weitere Möglichkeit, deine Kreativität zu steigern, ist die Verwendung von Effekt-Pedalen in deinen Loops. Lass uns etwas tiefer in einige Optionen eintauchen, die du ausprobieren kannst. Wie wäre es mit.....

- Einem Oktavpedal, dass deine Basslinie um eine Oktave nach unten verschiebt

- Einem Modulationseffekt, wie Phase oder Chorus, auf einer Ebene, um etwas Brillantes zu erzeugen

Im nächsten Beispiel hört man die Bassline in einer Oktave tiefer und die Sololinie wird mit einem schweren Chorus-Setting gespielt, das an Größen wie John Scofield erinnert.

Beispiel 6t

- Du könntest versuchen, einen Oktav-Effekt für deine *volume swells* zu verwenden.

- Verzerrung oder Overdrive bei einem Solo über einen bestehenden Loop

Hier ist eine Möglichkeit, ein Oktavpedal zu verwenden, um einen Synthesizer-ähnlichen Sound zu erzeugen. Für den Solopart kannst du alles mit Verzerrung machen, wenn du willst. Es geht darum zu experimentieren, kreativ zu sein und Spaß zu haben!

Beispiel 6u

- Ein Wah-Wah-Pedal kann einige funky perkussive Ebenen hinzufügen oder während eines Solos verwendet werden.

Beispiel 6v

Es macht viel Spaß, mit einem Delay-Pedal zu experimentieren, das als grundlegendes Element des Loops dient. Wie wäre es mit punktierten 1/8-Noten gegen den Beat, wie sie U2 bekanntlich verwenden? Experimentiere und denke an andere Effekt-Pedale, die du in deinen Loops verwenden kannst.

Siebter Teil: Wie man einen Loop beendet

Loops zu bauen ist eine Sache, aber das ist noch nicht alles. Wenn du ein Loop-Pedal live verwendest, musst du zwangsläufig irgendwann einmal aufhören. Die nächsten Beispiele zeigen dir drei verschiedene Möglichkeiten, einen Loop zu beenden. Höre dir die Audiobeispiele an, um die Ideen zu verstehen.

Welche Methode du verwendest, liegt ganz bei dir, aber du kannst sie alle praktizieren, so dass du dich spontan entscheiden kannst, welchen Weg du gehen möchtest und die Dinge musikalisch wählen kannst, wenn du Lust dazu hast.

Das Erste, was du tun kannst, ist, den Looper am Ende des Loops auszuschalten und einen brutalen Stopp zu machen. Dies funktioniert bei einigen Loops besser als bei anderen. Sehr rhythmisch straffe Loops oder Loops mit Verzerrung klingen mit einem solchen Stopp großartig.

Beispiel 6w

Eine meiner Lieblingsmöglichkeiten einen Loop zu beenden ist das Ausblenden. Wenn dein Looper über einen Lautstärkeregler verfügt (und die meisten tun das), ist dies einfach zu realisieren und klingt cool. Im nächsten Beispiel wirst du hören, wie ich den Lautstärkeregler langsam herunterdrehe.

Beispiel 6x

Du kannst auch das Loop-Pedal ausschalten und am Ende einen der Layer weiterspielen, so dass du eine Art Breakdown bekommst, der im Gegensatz zu dem Aufbau steht, den du am Anfang erstellt hast.

Beispiel 6y

Eine letzte Idee:

Hier ist ein lustiges Spiel: Schnapp dir ein paar musikalische Freunde und lass sie dir ein paar unabhängige Akkorde zurufen. Zum Beispiel: F#-Dur, CMaj7, Gm9, Bm7b5. Nimm diese Akkorde auf und spiele ein Solo darüber. Besser noch, du schreibst eine Melodie oder findest den kürzesten Weg, um von einem Akkord zum nächsten zu gelangen.

Beispiel 6z

Kapitel Sieben: Das Loop-Pedal als Übungswerkzeug

Einer der besten Gründe, einen Looper zu kaufen, ist, einen Übungspartner zu gewinnen, der immer auf dem gleichen Niveau ist wie du. Wenn du es satthast, mit einem Metronom oder allgemeinen Backing-Tracks zu üben, ist die Antwort einfach! Erstelle deine eigenen Übungsschleifen, damit du daran arbeiten kannst, im Takt zu bleiben und gleichzeitig harmonisch und melodisch zu denken.

Zum Beispiel gibt es einen großen Unterschied zwischen dem Erlernen einer neuen Tonleiter und der musikalischen Nutzung. Ein Looper kann dir jedoch helfen, die musikalischen Anwendungen der Tonleiter viel schneller zu verstehen.

Dieses Kapitel ist konzeptioneller als die vorherigen. Alle Beispiele sind kurze Ideen, wie man das größere Konzept der „kreativen Praxis mit dem Looper-Pedal" entwickeln kann, also versuche, über den Tellerrand hinauszuschauen und mit diesen Ideen eigene Übungen zu erstellen. Du wirst so viel mehr lernen.

Beachte, dass der Schwerpunkt in diesem Kapitel weniger auf der Erstellung von Loops liegt als vielmehr auf der Anregung von Ideen, die du in Verbindung mit dem Pedal üben kannst. Nimm die Ideen, erstelle einige komplexe Loops, über die du spielen kannst, und genieße den Fortschritt.

Im folgenden Beispiel konzentriere ich mich ausschließlich darauf, Platz zu lassen und Bendings zu benutzen.

Raum

Beispiel 7a

Akkordisches Training

Eine der besten Möglichkeiten, das Griffbrett kennenzulernen, ist das Üben der CAGED-System-Akkorde über einer konstanten Bassnote. Loope eine C-Bassnote und spielen einen C-Dur-Akkord in allen 5 Positionen des CAGED-Systems. Übe dies mit allen Dur-, Moll- und Dominant-7-Akkorden.

Um mehr über das CAGED-System zu erfahren, sieh dir Das *CAGED-System & 100 Licks für Bluesgitarre* von Joseph Alexander an.

Beispiel 7b

Pentatonisches Training: Eins

Spiele die pentatonische Tonleiter mit Fokus auf verschiedene rhythmische Unterteilungen. Die häufigsten sind 1/4-Noten, 1/8-Noten, Triolen, 1/16-Noten und 1/16-Triolen. Übe all diese Rhythmen separat mit einem Metronom, bevor du das nächste Beispiel in Angriff nimmst, dass die erste Position der a-Moll-Pentatonik verwendet. Übe diese Übung in allen Positionen und in allen Tonarten.

Beispiel 7c

Pentatonisches Training: Zwei

Wenn du wirklich eine Tonleiter richtig lernen willst, solltest du sie in verschiedenen *Intervallsprüngen* lernen, nicht nur sequentiell auf und ab. Intervallsprünge sind ein wesentlicher Schritt auf dem Weg, um über den Looper Harmonien mit dir selbst zu spielen.

Hier ist eine d-Moll-Pentatonik-Tonleiter, die gespielt wird, indem man eine Note überspringt und dann einen Schritt zurückkehrt. Stelle sicher, dass du dies in verschiedenen Tempi, in verschiedenen Rhythmen, verschiedenen Tonarten und mit unterschiedlichen Intervallen übst. Nimm diese Sequenz mit deinem Looper auf und spiele das Gleiche eine Note hinter dem Loop, um eine coole pentatonische Harmonie zu erzeugen. Du spielst deine erste Note, wenn der Looper die zweite aufgenommene Note spielt.

Beispiel 7d

Pentatonisches Training Drei: Quintolen

Eine Möglichkeit, deine Phrasen interessanter zu gestalten, besteht darin, ungerade Notengruppierungen einzufügen. Quintolen werden bekanntlich von Spielern wie Joe Satriani und Eric Johnson verwendet. Wenn dies zunächst schwierig ist, kann es helfen, ein Wort mit fünf Silben (wie U-ni-ver-si-tät) laut über dem Metronom zu sagen. Verteile die Silben gleichmäßig über jedem Beat und spiele dann den Rhythmus, den du sagst. Stelle deinen Looper so ein, dass er einen Beat mit dem Grundton (G) im folgenden Beispiel spielt. Sag „U-ni-ver-si-tät" laut und synchronisiere die Silbe „U" mit dem Beat. Wenn du den Beat gleichmäßig mit deiner Stimme aufteilen kannst, spiele den Rhythmus auf deiner Gitarre.

Beispiel 7e

Vertikal üben

Hier ist eine großartige Möglichkeit, aus den horizontalen Box-Tonleiternmustern auszubrechen, auf die sich Gitarristen übermäßig verlassen. Spiele die C-Dur-Tonleiter nur auf der B-Saite. Du kannst einige andere Techniken wie Legato und/oder Bending hinzufügen, um es interessanter zu machen. Das Training auf einer Saite ist eine meiner Lieblingsübungen beim Erlernen einer neuen Tonleiter. Übe dies in allen Tonarten und auf allen Saiten. Mit dem Looper-Pedal kannst du eine Akkordfolge in C-Dur spielen, wie C, G, Am, F, während du den Hals erkunden und neue Melodien finden kannst. Experimentiere mit Sliding, Bending, Legato und Picking.

Beispiel 7f

Hier ist ein zweiseitiges Training in G-Dur. Übe dieses Konzept in allen Tonarten und auf allen Saiten. Wenn das zu einfach ist, wähle zwei nicht benachbarte Saiten wie D und B. Im nächsten Beispiel bin ich dieses Konzept auf zwei verschiedene Arten angegangen: mit separaten Noten, die die Tonleiter aufsteigen, und als Double-Stops, die musikalisch freier absteigen.

Beispiel 7g

Modales Training Eins: A Äolisch

A Äolisch wird oft als A-Natürlich-Moll-Tonleiter bezeichnet und klingt großartig über die Akkordfolge Am7 bis Dm7 (im7, iv7). Nimm einen Loop mit diesen Akkorden mit deinem Pedal auf und füge einige perkussive oder Bass-Ebenen hinzu, um mit dieser schönen melancholischen Tonalität zu experimentieren.

Beispiel 7h

Modales Training Zwei: A Dorisch

Ändern wir eine Note der A-Naturmoll-Tonleiter und machen wir die b6 (F) zu einer 6 (F#), um den A-Dorischen-Modus zu erzeugen. Erstelle einen ähnlichen Loop wie zuvor, aber verwende diesmal die Akkorde Am und D7.

Beispiel 7i

Modales Training Drei: A Mixolydisch

Hier ist ein heiter klingender Modus, der mixolydische. Dieser Modus wird oft im Blues gespielt, um ein wenig Helligkeit zu erzeugen.

Beispiel 7j

Modi mischen

Bei Ein-Akkord-Loops hat man manchmal die Wahl, welchen Geschmack man seinen Linien geben möchte. Du kannst sogar verschiedene Modi wie dorisch und äolisch mischen, wie unten gezeigt. Dieses Beispiel ist musikalischer als die beiden vorherigen und gibt dir einige neue Solo-Ideen. Die ersten vier Takte des Solos sind in A Dorisch, die letzten vier Takte sind in A Äolisch.

Beispiel 7k

Übe den 12 Takt Blues

Eine der besten Möglichkeiten, ein neues musikalisches Konzept zu erlernen, ist, es über eine 12 Takt Blues-Progression zu spielen. Egal, ob du beginnst, die pentatonische Tonleiter zu erlernen oder du lernst, wie man über Akkordwechsel spielt, der Blues ist der ideale Ort, um mit der Einübung neuen Materials zu beginnen. Ein solch langer Loop kann recht knifflig zum Aufnehmen sein, also setze das Metronom für diesen Loop ein.

Beispiel 71

Übe Arpeggien

Eine großartige Möglichkeit, die Verknüpfung von Arpeggien zu üben, ist eine Dur ii V I Progression. Im nächsten Beispiel in G-Dur beginnst du damit, das richtige Arpeggio über jedem Akkord zu spielen. Dies ist eine großartige musikalische Möglichkeit, deine Arpeggien kennenzulernen, dein Griffbrett und die kleinsten Bewegungen zwischen einem Arpeggio und dem nächsten zu lernen.

Beispiel 7m

Übe nun, Arpeggien über eine Moll ii V i Sequenz in g-Moll zu verknüpfen. Übe dies über den ganzen Hals und in verschiedenen Tonarten.

Beispiel 7n

Übung „Tension und Release"

Spannung erzeugen und sie aufzulösen ist eines der wichtigsten Konzepte in der Musik. Das Schaffen von Spannung und deren Auflösung hält den Hörer bei der Sache und lässt ihn auf deine Soli reagieren. Ein guter Ausgangspunkt ist eine V I Akkordfolge. Eine schnelle Möglichkeit, Spannung auf dem V-Akkord, in diesem Fall D7, zu erzeugen, besteht darin, eine pentatonische Tonleiter um einen Bund nach oben oder unten zu verschieben.

Im folgenden Beispiel wird die erste Form der G-Dur-Pentatonik um einen Halbton nach unten verschoben. Dies erzeugt eine coole Spannung und ist ein Ansatz, der von großen Fusionsgitarristen wie Scott Henderson verwendet wird.

Beispiel 7o

Verminderte Tonleiter

Eine meiner Lieblingsmöglichkeiten außergewöhnliche Klänge zu erzeugen, ist die Verwendung der verminderten Halbton-Ganzton-Tonleiter. Die verminderte Tonleiter wird als symmetrische Tonleiter bezeichnet und besteht aus acht in Halbtönen angeordneten Noten, die dich alle drei Bünde wiederholen. Das bedeutet, dass jedes Lick oder jede Phrase in Sprüngen von drei Bünden nach oben oder unten bewegt werden kann. Dies macht die Handhabung einfach, da man sich nicht viele neue Informationen merken muss.

Spiele diese Tonleiter über einen Dominantseptakkord und genieße die daraus entstehenden interessanten Klänge.

Beispiel 7p

Rhythmische Übung: Dragging

Dragging bedeutet, die Melodie ein wenig hinter dem Beat zu spielen, um eine entspanntere Stimmung zu erzeugen. Du kannst dies tun, während du Layer für einen Loop aufnimmst oder in deinem Solo. Höre dir das Audiobeispiel an, um das richtige Gefühl zu bekommen.

Beispiel 7q

Rhythmische Praxis: Rushing

Vergleiche dieses Audiobeispiel mit dem vorherigen. Welches bevorzugst du? Ich finde, dass das Dragging für mich viel natürlicher ist als das Rushing. Natürlich hängt das von dem Genre ab, welches du spielst, aber ich finde, dass die meiste Musik, die ich gerne höre, eher hinterhergezogen als gehetzt ist. Allerdings geht es darum, die Kontrolle über deine Notenplatzierung zu entwickeln, also solltest du lernen, die Noten genau dort zu platzieren, wo du sie haben willst.

Beispiel 7r

Auf welcher Ebene du dich auch befindest, es ist wichtig, über den Tellerrand hinauszuschauen und neue Wege zu finden, dich selbst herauszufordern. Du kannst einige der oben genannten Übungen über einem Loop kombinieren. Spiele zum Beispiel einen eintaktigen A7-Groove und übe A7-Arpeggios, pentatonische Tonleitern, A Mixolydisch... alles in verschiedenen rhythmischen Unterteilungen, auf einer Saite, etc. Die Möglichkeiten sind unbegrenzt. Sei kreativ und habe Spaß!

Kapitel Acht: Song Performance

Um unsere Loop-Pedal-Reise zu beenden, habe ich ein Performance-Stück erstellt, das du lernen kannst. Es vereint alle Techniken und Ideen, die ich in diesem Buch geteilt habe. Viel Spaß beim Lernen und denk daran, dass das ultimative Ziel darin besteht, zu experimentieren und eigene Stücke zu entwickeln. Wie immer, sei kreativ und spiele tight!

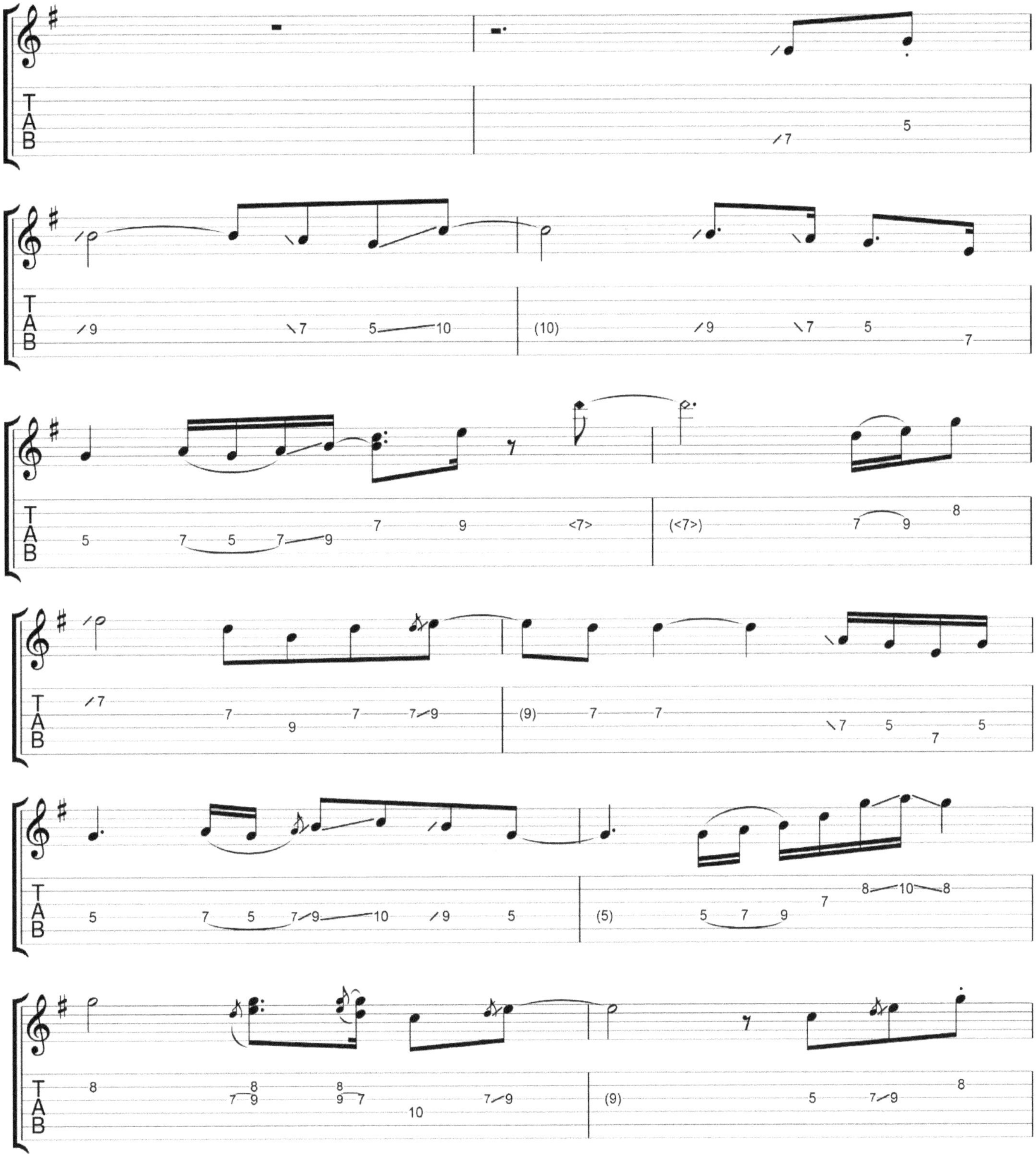

ENGAGE LOOPER

DRIVE

FADE OUT

FADE OUT